AU-DELÀ DU FOOTBALL

La Scène Mondiale

Rich Daughtridge

Publié à l'origine en anglais sous le titre *Beyond Soccer, the World Stage,* copyright (droits d'auteur) © 2007 par Rich Daughtridge.

Grand merci aux traducteurs Wendy et Gilles Naine.

McDougal Publishing est un ministère de Fondation McDougal, Inc., une société sans but lucratif voué à la diffusion de l'Évangile de notre Seigneur Jésus-Christ pour autant de personnes que possible et dans les plus brefs délais.

Publié par :

McDougal Publishing
PO Box 3595
Hagerstown, MD 21742-3595
www.mcdougalpublishing.com

ISBN 978-1-58158-195-9

Imprimé sur demande aux États-Unis, l'U.K. et l'Australie pour une distribution mondiale

Contenu

Le Nettoyage de Godasses

Jean 13 :4-5 *Pendant le repas...Jésus... se lève, il enlève son vêtement de dessus et il prend un linge pour le serrer autour de sa taille. Ensuite, il verse de l'eau dans une cuvette. Il se met à laver les pieds de ses disciples et à les essuyer avec le linge qu'il a autour de la taille.*

Dans la plupart des organisations professionnelles de football du monde entier, les apprentis, souvent des jeunes joueurs du club, remplissent le devoir de nettoyer et de polir les godasses des joueurs de la première équipe. Aux niveaux supérieurs, c'est un avantage non écrit d'être un professionnel.

Ce jour-là, certains joueurs sont arrivés au stade plus tôt que prévu et ont commencé leur routine pour se préparer au grand match à venir. Un joueur regarda son casier, choqué que ses godasses n'étaient pas disposées comme elles l'avaient été dans tous les jeux précédents. Il a tiré, « Où sont mes godasses ? Comment peuvent-ils ne pas avoir nos godasses prêtes ! ». D'autres joueurs ont suivi et ont commencé à se plaindre. Trente minutes se sont écoulées au fur et à mesure que plus de joueurs se dirigeaient vers les vestiaires, rapidement introduits par les autres à la dure réalité que « leurs godasses n'étaient pas encore prêtes ! ». Le bourdonnement de l'ennui a continué parmi les joueurs. « Comment cela pourrait-il arriver ? Nous sommes des professionnels ! »

Ils avaient passé une longue semaine d'entraînement pour essayer de comprendre pourquoi ils ont été battus le week-end avant et l'entraîneur avait exigé un haut niveau de concentration de ses joueurs. Les stratégies ont été changées, les individus ont été dirigés de « renforcer leur jeu » et le niveau de forme physique « ne va pas être une raison pour perdre des jeux. Période. »

Dix minutes avant la marche traditionnelle sur le terrain pour commencer les échauffements, l'entraîneur a cassé à travers la porte poussant un panier plein de godasses fraîchement polies. Sa cravate était décalée et lâche, sa chemise blanche était maintenant ridée et tachée de sueur, un chiffon couché sur son épaule ... les joueurs étaient choqués. « Les gars, les garçons qui nettoient normalement nos godasses étaient dans un accident sur la route sur le chemin du stade. Ils vont bien, Dieu merci, mais ils ne l'ont pas fait. Venez chercher vos godasses. OK, écoutez, voici notre plan de jeu ... »

Une partie du leadership est la servitude. Comme Jésus, nous devons tous nous rappeler l'efficacité de nous humilier pour le plus grand but.

Jésus était l'entraîneur ultime et a dirigé par l'exemple. Le jour où il a lavé les pieds de ses disciples, son équipe, il savait aussi que c'était le jour où il était censé mourir pour les péchés de toute l'humanité. Son acte d'humilité et de sacrifice était un symbole d'amour au milieu du chaos et de la tragédie. Sous la bannière du christianisme, ses disciples reproduiraient ce même exemple d'amour partout dans le monde.

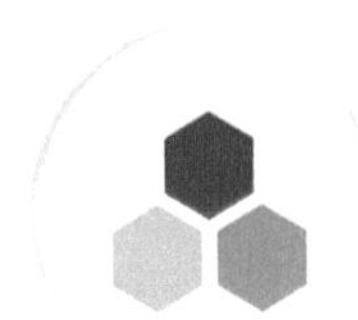

Le Foot au Brouillard

Proverbes 6 :22 *Quand tu marcheras, ils te* ***guideront****, quand tu seras couché, ils te protégeront. Et quand tu te réveilleras, ils t'aideront.*

En 1945 une chose très inhabituelle s'est produite dans un match entre Arsenal et Dynamo Moscou. Un brouillard dense est tombé sur le terrain, mais l'arbitre a refusé d'appeler le match comme l'équipe visiteuse avait voyagé tout le chemin de Moscou. Le jeu s'est rapidement réduit à des désordres. Un joueur de l'Arsenal a été expulsé pour se battre, mais s'était caché dans le brouillard. Dynamo a substitué un joueur mais n'a jamais envoyé son autre joueur, et il a été largement estimé qu'ils avaient effectivement jusqu'à 15 joueurs sur le terrain à un moment donné. En raison du brouillard, personne ne pouvait effectivement compter. Le dernier incident étrange s'est produit quand le gardien de but d'Arsenal est devenu désorienté dans le brouillard et a couru dans le poteau de but et a été cogné inconscient. Il a été remplacé par un membre de la foule.

Avez-vous ressenti un brouillard « spirituel », ayant du mal à voir le chemin que Dieu vous a appelé à marcher ou a eu du mal à savoir ce qui se passait dans la vie autour de vous ?

Seul le soleil dissipe le brouillard et, de la même manière, seul le Fils peut effacer le brouillard « spirituel ».

Le brouillard « spirituel » peut être causé par le péché, le manque d'une vraie relation avec Jésus-Christ, ou juste par les choses que la vie jette à vous.

Voulez-vous voir clairement ou aider vos amis à voir clairement ? Venez à Dieu dans la prière et cherchez Sa parole. Demandez-lui de retirer le « brouillard » ce qui rend difficile pour vous de voir. Suivez ses ordres. Faites confiance à Lui. Les pilotes peuvent voler dans le brouillard, les nuages ou les ténèbres par leurs instruments. Vous pouvez vivre à travers le « brouillard » en mettant votre confiance en un Dieu d'amour et dans Sa parole, la Bible.

Fan de la liberté

L'année était 1946. L'endroit : Burnden Park, Bolton, Angleterre. C'était un match très attendu de la Coupe FA entre l'équipe locale, Bolton Wanderers, et l'équipe visiteuse, Stoke City. Le jeu était une compétition subsidiaire de la 6ième ronde dans la quête pour la coupe FA convoitée.

Frank Jubb marchait parmi la foule ce jour avec un demi-sourire. Il jouissait de sa liberté nouvellement trouvée et du simple plaisir de regarder une grande partie de football une fois de plus. Sept semaines plus tôt, M. Jubb servait dans l'Artillerie Royale et avait servi pendant la Seconde Guerre mondiale, passant 3 ans dans un camp de prisonniers de guerre. Il était maintenant revenu à Bolton pour continuer son emploi auprès d'une entreprise de construction. Après un passé troublé, en ce jour l'avenir semblait un rêve agréable.

Avec dix minutes écoulés dans le match, Stanley Matthews, la vedette de Stoke City a rappelé plus tard, « Nous avions des raisons de nous sentir confiants car nous avions le meilleur du match. C'est arrivé ! Il y avait un rugissement formidable de la foule. J'ai jeté un coup d'œil sur mon épaule pour voir des milliers de fans venant de la terrasse derrière le but, sur le terrain. » Les estimations ont été plus tard publiés que 65 000 fans ont occupé le stade construit pour seulement 45 000. En raison de cela, une section des barrières de concassage s'est effondrée en provoquant une ruée massive et violente.

Frank Jubb est mort ce jour-là en raison de la tragédie du stade. Il avait lutté pour la liberté toutes ces années et a survécu étant un prisonnier de guerre. Maintenant sept semaines plus tard, il meurt une mort insensée à un match de football, de tous les lieux.

La réalité désespérante est que ... nous mourrons tous un jour. **La question devient alors : où voulez-vous passer l'éternité ?** Nous pouvons passer chaque semaine à faire la même chose tous les jours, mais où est-il nous obtenir ? Quel est le résultat du jeu ? Prenez un moment pour réfléchir sur votre vie. Si vous n'avez pas envisagé de devenir chrétien, considérez-le maintenant. Si vous avez besoin de réengager votre vie à Jésus-Christ, faites-le maintenant.

Passer la vie avec un « demi-sourire » sachant qu'il y a un plus grand but que juste ce que cette vie a à offrir.

La Jeunesse du Brésil

I Timothée 4 :12 *Personne ne doit te mépriser parce que tu es jeune. Mais toi, montre l'exemple aux croyants, par tes paroles, ta vie, ton amour, ta foi, ta pureté.*

Quel âge avez-vous en ce moment ? Quel niveau de compétence en football avez-vous obtenu pour votre âge ?

Imaginez d'être un jeune adolescent et être assez bon pour jouer professionnellement. Les États-Unis ont Freddie Adu âgé de 16 ans. Le Brésil a Maicon Vinicius da Cruz, âgé de 13 ans, connu comme Nikao. Le club Néerlandais, PSV Eindhoven, a obtenu le droit de le signer. Le FC Barcelone et le CSKA de Moscou ont également manifesté leur intérêt. Il sera qualifié pour le transfert selon la loi brésilienne quand il aura 16 ans. Nikao est le deuxième plus jeune joueur au Brésil à recevoir l'intérêt des équipes européennes. Un jeune de neuf ans nommé Jean Carlos Chera avait plusieurs équipes, y compris Manchester United, contacter son club au Brésil.

Ces joueurs sont si bons à un âge précoce qu'ils reçoivent l'intérêt des grands clubs. Ils sont regardés par tous les jeunes (et vieux) joueurs autour d'eux.

De la même manière, vous devez être regardé par les jeunes (et vieux) autour de vous pour votre caractère, votre foi et votre témoignage. La Parole de Dieu nous dit d'être des exemples dans ces domaines. **Indépendamment de la façon dont vous jouez bien sur le terrain de foot, Dieu veut que vous fassiez votre plus grande impression dans le jeu de la vie.** Il veut que les autres puissent Le voir en vous, et être attirés par ce qu'ils voient. Dans votre jeunesse, pour qui pouvez-vous être un exemple aujourd'hui ? Qui pouvez-vous introduire au Christ cette semaine ? Qui a besoin de voir Dieu en vous ?

DES HOMMES ORDINAIRES

1 Samuel 16 :7b *Je [Dieu] ne juge pas comme les êtres humains. Les gens font attention à ce qui se voit, mais moi, je regarde le fond du cœur.*

Alors, comment ton fils a-t-il commencé à jouer au foot ? »

« Tu connais Ben. Il voulait jouer un sport. Mais il est trop court pour le basket, pas assez costaud pour le football américain, pas assez fort pour la lutte. J'imagine qu'il est tombé dans le football parce qu'il est si ... ordinaire. »

Cela semble résumer la situation pour beaucoup de gens, n'est-ce pas ? Regardez autour de vous lors du prochain match de jeunes auquel vous assistez. Que vois-tu ? Des garçons, des filles, des petits, des grands, des plus rapides, des plus lents, des légers, des costauds ... Des enfants ordinaires... jusqu'à ce qu'ils arrivent sur le terrain. Soudain, ces enfants d'apparence moyenne fusionnent en équipes, travaillent ensemble, éclatant d'énergie et d'enthousiasme. Le football semble avoir un moyen de faire ressortir cette excitation et le sens du but dans ses joueurs.

L´équipe de Dieu est beaucoup comme ça. **Dieu choisit des gens ordinaires, moyens pour faire Son œuvre.** Les disciples de Jésus étaient des pêcheurs, un percepteur d'impôts, un médecin, un activiste politique. Ensemble, ils ont été utilisés par Dieu pour changer le monde.

Chaque fois que nous nous sentons battus par l'ordinaire de la vie, nous devons permettre à Jésus Lui-même de nous rappeler que nous sommes juste là où Il veut que nous soyons. Il regarde au-delà de ce qui est externe pour voir nos cœurs. Et si nous le lui demandons, Il utilisera ces cœurs pour aider à changer le monde ... pour Lui.

L'Insulte Saoudienne

1 Thessaloniciens 5 :11 *Alors, encouragez-vous les uns les autres et construisez la communauté comme vous le faites déjà.*

Après que la Hongrie aie fait match nul avec L'Arabie Saoudite en Turquie, Ferenc Gyurcsany, le Premier ministre hongrois, a fait un commentaire inexcusable, affirmant que l'équipe saoudienne avait « beaucoup de terroristes » dans son équipe. Il a été cité : « Je pense qu'il y avait beaucoup de terroristes aussi parmi les joueurs de football saoudiens, et nos fils ont combattu avec la bravoure défiant la mort contre ces terroristes, donc un match nul loin de la maison est un résultat fantastique. »

Il s'est excusé plus tard en disant que c'était juste une blague, mais malgré tout, cela n'aurait jamais dû être dit.

Trop souvent, nous disons des choses que l'on ne suppose pas très drastiques, qui offensent, blessent, réduisent, déprécient et critiquent les gens. Parfois, nous disons ces choses d'une manière plaisante, et d'autres fois, elles proviennent de la frustration et la colère.

Les choses négatives, décourageantes, méchantes que nous disons sur les gens les poussent souvent plus loin dans le découragement et la douleur, et beaucoup plus loin de Dieu.

La Bible nous dit de nous encourager les uns les autres. La vie est assez dure. Tout le monde autour de nous a des choses avec lesquelles ils luttent personnellement. Certaines personnes recherchent sérieusement les réponses de la vie. D'autres cherchent Dieu. Pourquoi risquer de blesser les gens en disant ou en faisant quelque chose qui découragerait ces gens plus loin ? Nous devons regarder autour de nous et être déterminés à nous encourager les uns les autres. Pourquoi pas demander à Dieu aujourd'hui de vous montrer qui vous pouvez encourager et élever ? Vous ne savez jamais...ils pourraient vraiment en avoir besoin et votre encouragement pourrait être une chose qui pourrait changer leur vie.

La Stade de Votre Vie

2 Corinthiens 5 :1 *Sur la terre, nous habitons dans un corps. Il est comme une tente qui sera détruite un jour. Mais nous le savons, dans les cieux, nous avons une maison qui dure toujours. C'est Dieu qui l'a faite, ce ne sont pas les hommes.*

Le stade Maracana de Rio de Janeiro, au Brésil, est le plus grand stade de football au monde, avec une capacité de 180 000 personnes. Il a été signalé que 199 854 spectateurs se sont entassés dans le stade pour regarder la finale de la Coupe du Monde de 1950, entre le Brésil et l'Uruguay. L´Uruguay a gagné ce match 2-1.

Le Stade Maracana, qui tire son nom de la petite rivière qui passe à côté du stade, est l'endroit où Pelé a marqué son 1000e but. Il abrite également le célèbre club de football Flamingo.

Bien que cette structure massive continue de dominer le paysage urbain de Rio de Janeiro, ses jours de gloire ont disparu depuis longtemps, à moins que des sommes exubérantes d'argent soient dépensées pour restaurer bon nombre des sections considérées dangereuses et inutilisables. En 1998, des rénovations majeures ont été effectuées sous l'autorité de la FIFA, l'organe directeur mondial du football, et la capacité est désormais fixée à 70 000 personnes.

En moins de 50 ans, un stade comme celui-ci, dans toute sa gloire et son histoire, commence à s'effriter. Toute l'énergie, le temps et l'argent qui ont été nécessaires pour le construire ... Qu'est-ce qu'il reste ?

Dans la vie, nous faisons souvent la même chose. Notre objectif est de bâtir nos carrières, de gagner de l'argent, de réussir en affaires. Un jour, peut-être à l'âge de 50 ans, quand vous regardez en arrière pour voir ce que vous avez construit, est-ce qu'il restera quelque chose qui n'est que matériel ? Ou est-ce qu'il restera quelque chose avec une valeur éternelle ?

Tout comme la petite rivière qui coule continuellement aux abords du Maracana chaque jour, la vie coule « aux abords » de nous tous. Prenez le temps de prendre du recul et pour regarder votre vie. Considérez votre stade.

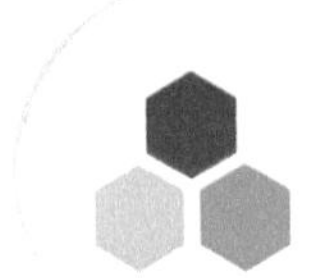

Une Énorme Erreur

Romains 6 :23 *Oui, avec le péché, ce qu'on gagne, c'est la mort. Mais avec Dieu, ce qu'on reçoit gratuitement, c'est la vie avec lui pour toujours, en union avec le Christ Jésus, notre Seigneur.*

Bobby Robson, manager de Newcastle, a vu Jason Euell jouer à Wimbledon et a été impressionné au point d'être intéressé à parler d'avantage avec lui. Ne se souvenant pas de son nom, Bobby a demandé à son scout de se renseigner sur « le jeune garçon noir » jouant la position avant pour l'équipe de moins de 21 ans en Angleterre.

Pendant ce temps, l'Angleterre a déplacé un autre jeune joueur noir, Carl Cort, à la position avant et a déplacé Jason dans le milieu du terrain.

Le scout a demandé à Bobby s'il voulait faire une offre pour Carl, croyant qu'il était le « jeune garçon noir » que Bobby avait demandé. Bobby a dit oui et a fixé l'offre à 7,5 millions de livres.

Jason était de loin un joueur plus talentueux que Carl, et valait incontestablement les 7,5 millions de livres que Bobby était prêt à payer, alors que la valeur de Carl était nulle part près de ce montant. Donc, sur réception de l'offre, Wimbledon s'est empressé de signer.

Bientôt, Bobby a réalisé qu'il avait commis une énorme erreur et avait acheté le mauvais joueur.

Avez-vous déjà fait une énorme erreur ? Que diriez-vous d'une petite erreur ? Honnêtement, nous en faisons tous les jours. Certaines erreurs affectent les autres, certaines nous affectent nous seulement et personne ne sait jamais rien à leur sujet. La Bible appelle nos erreurs « pêchés. » **Le péché est ce qui nous sépare d'une relation avec Dieu.**

Heureusement, nous pouvons tous nous tourner vers Jésus

pour pardonner les erreurs que nous faisons qui nous séparent de Dieu. Son don gratuit de pardon est pour tout le monde. Ne laissez pas passer plus de temps avant de corriger vos erreurs.

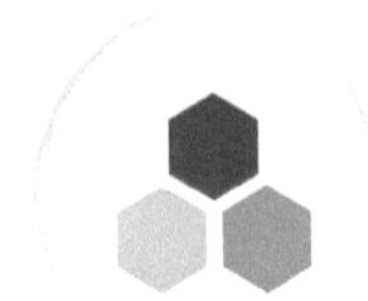

La Vue d'Ensemble

Jérémie 29 :11 *Oui, moi, le SEIGNEUR, je connais les projets que je forme pour vous. Je le déclare : ce ne sont pas des projets de malheur mais des projets de bonheur. Je veux vous donner un avenir plein d'espérance*

1998 a été la première fois en vingt ans que l'Iran s'est qualifié pour la Coupe du Monde. Il s'agissait d'une période de relations tendues avec les États-Unis, car les deux pays avaient été des ennemis acharnés depuis l'arrivée de l'Ayatollah Ruhollah Khomeini au pouvoir en 1979. Ironiquement, lorsque les équipes ont été appariées par tirage au sort, l'Iran devait jouer contre les États-Unis.

Alors que le match approchait, le président américain, Clinton, a publié des déclarations d'espoir disant que le match pourrait conduire à une amélioration dans les relations entre les deux pays. Juste avant le match, les joueurs de départ pour chaque équipe échangeaient des cadeaux en signe de paix et d'esprit sportif.

Bien que favoris pour gagner facilement, les joueurs américains ont commis plusieurs erreurs, permettant à l'Iran de décrocher une victoire 2-0. Pourtant, il y avait plus à cette compétition qu'un triomphe de football iranien. Les équipes ont montré qu'ils pouvaient se faire face sur le terrain et jouer un match compétitif, mais en paix.

Nous devons également examiner la situation d'ensemble. Nous ne voulons pas mettre l'accent sur le succès externe ou sur l'argent. **Notre objectif est de vivre une vie avec un dessein.** Lorsque nous cherchons le projet de Dieu pour nos vies, nous pouvons être assurés que nous le trouverons. Et alors que nous vivons en paix avec notre Créateur, nous pouvons aussi montrer aux autres un moyen d'espérer.

Un Quiz de Football

Luc 10 :25 *Alors un maître de la loi arrive. Il veut tendre un piège à Jésus et lui demande : « Maître, qu'est-ce que je dois faire pour recevoir la vie avec Dieu pour toujours ? »*

A quel point connaissez-vous le jeu du football ? Testez-vous avec ces questions sur le football.

1. Quel est le nom par lequel Edson Arantes do Nascimento est mieux connu ?
2. Dans quel pays le football a-t-il ses racines ?
3. Quel est le seul pays à participer à chaque Coupe du Monde depuis 1950 ?
4. Combien de kilomètres le joueur moyen coure-t-il durant un match typique ?
5. Où s'est déroulé la Coupe du Monde de 2006 ?

Avec quel mesure de succès pensez-vous avoir répondu à ces questions ? Vérifiez vos réponses ci-dessous.

Un responsable de la loi dans la Bible a essayé de tester Jésus sur la question de la vie éternelle.

Le plus grand test de notre vie vient quand notre temps sur cette terre finit et on nous demande ce que nous avons fait avec la personne de Jésus ? Il n'y a qu'une seule bonne réponse. Notre réponse et comment nous avons vécu notre vie déterminera notre destinée éternelle. Si nous pouvons répondre qu'Il était notre Sauveur et Seigneur et que nous avons vécu notre vie pour Lui, alors nous recevons la vie éternelle avec Dieu. **La vie éternelle avec Dieu est-ce qu'Il désire pour chacun de nous.**

Heureusement, Dieu a envoyé Jésus pour nous montrer le chemin vers Lui et nous préparer pour le plus grand questionnaire de nos vies. On nous a tous donné la réponse. Il nous appartient de choisir de vivre notre vie pour Jésus-Christ.

1. Pelé
2. Angleterre
3. Brésil
4. Entre 10 - 11
5. Allemagne (2006)

L´Avenir et l´Espoir

Jérémie 29 :11-13 *Oui, moi, le Seigneur, je connais les projets que je forme pour vous. Je le déclare : ce ne sont pas des projets de malheur mais des projets de bonheur. Je veux vous donner un avenir plein d'espérance. Vous ferez appel à moi, vous viendrez me prier, et je vous écouterai. Vous me chercherez, et vous me trouverez. Oui, je le déclare, moi, le Seigneur : si vous me cherchez de tout votre cœur, je me laisserai trouver par vous.*

J'étais en Jamaïque en tant qu'entraîneur invité, pour entraîner les joueurs et les préparer dans leurs étapes finales avant le début de leur saison. Mon séjour était presque terminé et nous n'avions qu'un match d'exhibition à jouer à Kingston. Le match a commencé lorsque ceux d'entre nous sur la ligne de touche et sur le terrain ont entendu un accident horrible. Bien qu'étant éloigné de plusieurs blocs du terrain, l'accident semblait être tou près. Les pensées qui me traversaient l'esprit me disaient que personne n'avait pu survivre. Et sur la ligne de touche, le personnel d'entraînement et les joueurs de réserve été tous en accord avec ce que mon esprit éprouvait. Personne n'a rien dit à la mi-temps. Beaucoup étaient choqués et tout simplement heureux qu'ils étaient en sécurité et en vie lorsque le terrible bruit de mort a retentit.

Quelques instants après la fin du match, nous avons remarqué la voiture sur l'arrière d'un camion de remorquage. Elle était détruite. Elle ne ressemblait plus à une voiture. Je ne pouvais que penser « *Quelle catastrophe* » *!*

Étant l'entraîneur invité, on m'a demandé de partager quelques mots de clôture avant de partir à Montego Bay en avion pour une réunion et puis de retourner aux États-Unis. Quelques paroles ! Que pourrais-je dire après un tel accident ? J'ai réussi à partager quelques points de coaching, quelques mots d'appréciation, mais mon esprit était encore sur la vie perdue dans l'accident. C'était deux semaines bien remplies de coaching et j'avais été en mesure d'influencer les joueurs non seulement dans le football, mais aussi spirituellement. Avec toute l'équipe et le personnel d'entraînement réunis autour de moi, un gars a demandé si l'équipe me verrait encore un jour. J'ai répondu : « Certains me verront et d'autres non. C'est comme cela, messieurs - ce matin, la personne dans l'accident de voiture n'a jamais su qu'il allait faire face à un tel désastre aujourd'hui. Il ne savait pas que ce serait le dernier jour de sa vie sur cette terre. Vous les gars, **Dieu a un plan spécial pour vous et c'est un plan merveilleux**. C'est au-delà du football. C'est Son dessein spécial pour vous et aussi votre choix. Ceux qui Le suivront ici sur cette terre seront un jour avec Lui dans le ciel. C'est une grande promesse de Dieu pour vous. Ne choisissez pas une route qui amènera à votre désastre et à votre fin. Vous ne savez jamais quand votre temps est écoulé. J'espère que vous serez prêts à chercher le Fils de Dieu en tant que votre Sauveur, parce que si c'est la prière de votre cœur, je vous reverrai un jour. Que Dieu vous bénisse. »

Que Valez-Vous ?

Matthieu 6 :26 *Regardez les oiseaux. Ils ne sèment pas, ils ne moissonnent pas. Ils ne mettent pas de récoltes dans les greniers. Et votre Père qui est dans les cieux les nourrit ! Vous valez beaucoup plus que les oiseaux !*

Dans l'une des transactions les plus attendues, David Beckham a été vendu par le Manchester United au Real Madrid pour 41 millions de dollars. Les maillots du Real Madrid portant son nom et son nouveau numéro 23 ont été tous vendus à Madrid le jour de son transfert et son nouveau club s'attendaient à recevoir $748 000 pour sa vente. Au moment de l'annonce de son transfert au Real Madrid, Beckham et sa femme faisaient une tournée d'une semaine en Extrême-Orient pour promouvoir des produits de beauté, du chocolat, de l'huile moteur et des téléphones portables, ce qui allait leur rapporter plus que tout la première année de son contrat au Real Madrid.

Imaginez que votre valeur soit égale au paiement de 41 millions de dollars pour votre talent, ou que votre « image » vous fasse gagner des centaines de milliers de dollars par la vente de t-shirts.

J'ai une bonne nouvelle pour vous. Vous avez une valeur que se monte à bien plus de 41 millions de dollars. Jésus-Christ a payé beaucoup plus que de l'argent pour vous montrer combien il vous estime. Vous valez chaque goutte de sang qu'il a répandu sur la croix en donnant sa vie pour vous. Vous étiez si précieux pour lui qu'il a donné sa vie même, en souffrant de terribles matraquages, de moqueries jusqu'à être cloué sur une croix pour VOUS !

Tous ceux que vous connaissez, vos coéquipiers, vos voisins et vos amis, valent tous la même chose pour Jésus-Christ. Vous êtes précieux pour Lui. Nous devons nous valoriser les uns les autres de la même façon. **Montrez aux autres leur valeur par la façon dont vous les traitez.** Démontrer à vos amis non-chrétiens combien Jésus Christ les apprécie en prenant le temps aujourd'hui de partager Jésus de manière pratique. Vous en valiez la peine et ils en valent la peine.

La Source de la Victoire

Proverbes 21 :31 *On prépare les chevaux pour le jour du combat, mais c'est le Seigneur qui donne la victoire.*

Lors de leur première apparition dans les finales de la Coupe du Monde, le Sénégal a été la sensation surprise en 2002. Ils sont non seulement arrivés en finale, mais ils ont également été la seule équipe africaine à passer au-delà de la phase de groupes. Ils ont courageusement perdu dans les prolongations contre la Turquie 1-0 en quarts de finale.

Cependant, leur cheminement vers les quarts de finale n'a pas toujours été facile. Le Roi souverain du football, Pelé, avait dit avant la compétition « Le Sénégal est l'équipe la plus faible du tournoi. » Ils ont aussi dû lutter contre le stigmate d'être dans leur première finale de la Coupe du Monde. Ce n'était pas une route facile.

Mais ils ont persévéré dans les défis et à la fin, cela à rapporté. Sans un travail acharné, les déceptions sur le chemin et la préparation intense, ils n'auraient pas aidé un continent entier à espérer l'impossible.

Comment se fait votre ascension vers le sommet ? Vous avez sans doute eu ou aurez des revers. La Bible nous dit que nous devons nous entraîner et que nous devons faire de notre mieux, mais qu'en fin de compte, la victoire vient de Dieu. Au milieu de votre formation et en s'efforçant d'atteindre votre marque d'excellence, n'oubliez jamais qu'en fin de compte, c'est Dieu qui apporte votre victoire. **Faites-lui confiance pour vous guider vers la victoire aujourd'hui.**

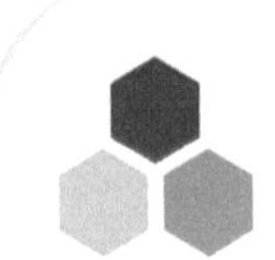

La Scène Mondiale

Matthieu 5 :16 *De la même façon, votre lumière doit briller devant tout le monde. Alors les autres verront le bien que vous faites. Ils pourront chanter la gloire de votre Père qui est dans les cieux.*

Lorsque l'Asie a été touchée par un tsunami dévastateur, le monde est venu à l'aide de ces personnes. Des millions de dollars ont été donnés, ainsi que des fournitures médicales, des vêtements et de la nourriture. Des secouristes et du personnel médical sont allés en Asie pour donner de leur temps et leur expertise. Cet événement, et la réponse du monde ont passé sur la scène mondiale. Tout le monde regardait les événements se dérouler et tout le monde semblait participer d'une manière ou d'une autre, y compris par la prière.

Des joueurs de football à travers le monde ont même participé à soulever 3 millions pour venir en aide aux victimes du tsunami. Des joueurs comme Ronaldinho, Zinedine Zidane, Samuel Eto´o, Henry Camara et Iker Casillas se sont réunis pour jouer dans le match-bénéfice « all-star ».

La popularité du football et la possibilité d'aider lors d'un grand besoin se sont réunis.

Sur une échelle beaucoup plus petite, mais pas moins importante, est l'occasion pour vous de saisir la popularité du football pour aider à répondre à un grand besoin, le besoin **des gens pour un sauveur**, Jésus-Christ.

En raison de l'intérêt commun du football et de la capacité de franchir les barrières culturelles, vous avez la possibilité d'avoir un impact sur la scène mondiale, tout en restant chez vous, dans votre contexte.

Permettez-moi de vous encourager à utiliser vos dons dans le football, pour atteindre et construire des relations avec ceux qui vous entourent, qui pourraient seulement être atteints par l'intérêt commun du football. Certains n'entreront jamais dans une église pour quelque raison que ce soit, mais passeront un ballon avec vous, participeront à un tournoi, participeront à une ligue ou participeront à un camp / une clinique. Vos bonnes œuvres sur une petite échelle sont tout aussi importantes que les plus grandes œuvres visibles à tous.

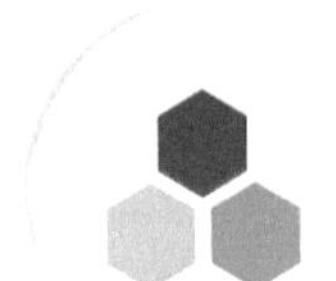

Douloureusement Laissé Tombé

Proverbes 3 :5-6 *Ne t'appuie pas sur ton intelligence, mais de tout ton cœur, mets ta confiance dans le SEIGNEUR. Reconnais-le dans tout ce que tu fais, et lui, il guidera tes pas.*

Avez-vous déjà été déçu par des gens dans lesquels vous avez votre confiance ? Avez-vous déjà senti la douleur écrasante du désespoir comme quand des amis, la famille, les collègues et les coéquipiers ne vous soutiennent pas à un moment ou vous en avez le plus besoin ? Steve Morrow a vécu cela et il porte les cicatrices pour le prouver ! Après avoir marqué le but qui a couronné Arsenal Champions de la Ligue d'Angleterre en 1993, il a été lancé haut en l'air par ses coéquipiers jubilant et reconnaissants. Malheureusement pour Steve, les mêmes personnes qui l'ont envoyé vers le ciel dans leur moment d'exaltation, étaient les mêmes qui n'ont pas pu l'attraper sur sa descente. Ils l'ont élevé, seulement pour le laisser tomber (littéralement), et Steve s'est trouvé emporté hors du terrain sur une civière avec un bras cassé et un masque d'oxygène sur son visage.

L'histoire de Steve Morrow nous donne une illustration parfaite de combien il est risqué de mettre notre confiance complètement dans les gens. Nous sommes souvent déçus par leur manque d'intégrité ou leur incapacité à sympathiser avec notre situation actuelle. Ils nous opposent sans justification et ils nuisent à notre réputation. Ils échouent dans leurs engagements et dans leurs responsabilités. Bref, ils démontrent les mêmes fragilités humaines dont nous souffrons nous-mêmes, mais condamnons chez les autres.

Heureusement, nous avons un Sauveur auquel on peut faire confiance en tout temps et en toutes circonstances. **Quand les autres** échouent, **Jésus-Christ se tient debout** et quand notre vie est ravagée par les attitudes et les actions de ceux qui nous entourent,

Jésus calme notre tempête et nous rappelle qu'il ne nous quittera et ne nous abandonnera jamais.

Êtes-vous blessé aujourd'hui en raison de l'opinion publique ou de relations tendues ? Comme Steve Morrow, vous avez été laissé tombé et vous souffrez sans que vous n'ayez commis aucune faute. Jésus-Christ est prêt et veut s'approcher de vous, vous prendre dans ses bras et de se prouver lui-même un ami vrai et de confiance !

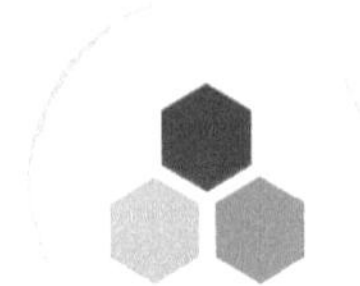

Évolution des Allégeances

Actes 26 :17-18 *Je t'envoie vers ton peuple et vers les autres peoples ... tu vas leur ouvrir les yeux, ils sortiront de la nuit pour revenir à la lumière. Ils ne seront plus sous le pouvoir de Satan, mais ils reviendront à Dieu. S'ils croient en moi, ils recevront le pardon de leurs péchés et une place avec ceux qui appartiennent à Dieu.*

Récemment, la FIFA a créé un changement de règle qui permettrait aux joueurs de changer d'allégeance nationale, leur permettant de commencer une nouvelle carrière après avoir précédemment représenté un autre pays au niveau junior. Le changement de règle a permis à des joueurs comme l'ancien capitaine de l'Angleterre U21 Ben Thatcher, de devenir un international gallois et Tim Cahill d' Everton pour représenter l'Australie où il est né. Au moment de la rédaction du présent document, vingt pays, dont l'Irlande, le Pays de Galles, l'Australie, le Venezuela et plusieurs pays africains ont bénéficié de cette modification des règles.

Dans le livre des Actes dans la Bible, Jésus a envoyé les disciples pour partager avec les gens la possibilité qu'ils avaient de changer leurs allégeances spirituelles, des ténèbres à la lumière et de la puissance de Satan à Dieu, afin qu'ils recoivent le pardon des péchés.

Quelle opportunité pour les gens de rentrer « chez eux », de retourner chez leur créateur, de servir le vrai Dieu vivant. Êtes-vous prêt pour un changement de carrière ? Avez-vous servi la mauvaise personne ou chose ? C'est le moment de changer d'allégeance.

Grâce à un changement de règle par la FIFA, les joueurs ont la possibilité de changer leurs allégeances nationales. À cause de ce que Jésus a fait sur la croix, nous pouvons changer les allégeances d'une vie de péché et de désespoir à une vie de joie, de paix et de pardon en Christ.

À qui votre allégeance est-elle promise ? Est-ce pour le Christ ou pour quelqu'un d'autre ? Si ce n'est pas pour Christ, vous pouvez prendre la décision aujourd'hui de tourner votre allégeance envers Lui et commencer à jouer pour votre nouvelle équipe.

La Gestion de la Colère

Proverbes 29 :11 *Le sot montre toute sa colère, mais le sage la retient et la calme.*

Un jour, une publicité de football plaisantait, « 1966 a été une grande année pour le football anglais ... Éric Cantona est né ! ». Salué comme un génie du football pour sa compétence sublime, sa vision merveilleuse et ses objectifs exceptionnels, Cantona a été considéré par beaucoup comme le joueur de football le plus influent en Angleterre pendant les années 1990. Il a été adulé à Manchester United et adoré comme « Éric le Roi ». Sur un total de 181 apparitions pour United, Cantona a marqué un remarquable 80 buts, il a remporté la Coupe FA si convoitée par deux fois et celle de la Première Ligue 4 fois. En 1994, Cantona a gagné la reconnaissance de ses collègues professionnels, en gagnant la récompense du Joueur de l'Année, au sein de l'Association des Joueurs de Football. En 1996, il a été voté le footballeur de l'année par l'association des écrivains de football. Cantona a été capitaine de son pays (France), marquant 19 buts en 45 rencontres entre 1987 et 1994. À l'âge de 30 ans, après avoir remporté le titre de la « Premiership » en 1997, Éric Cantona a annoncé sa retraite du football professionnel, laissant le jeu dans au top de son jeu, préférant que l'on se souvienne de lui comme un gagnant plutôt que d'un joueur vieillissant dont le meilleur est passé.

Et pourtant les souvenirs d'Éric Cantona sont rarement restreints au terrain de foot. Personne n'oubliera jamais l'infâme « Kung-fu kick » en janvier 1995, quand le Français volatile a sauté dans la foule, visant un coup de pied à un supporter de Crystal Palace qui aurait crié des insultes raciales et a jeté des missiles à Cantona qui venait de recevoir un carton rouge et qui quittait le terrain. La star britannique a été condamnée à une amende de 20 000 livres (UK), dépouillée de son rang de capitaine de l'équipe nationale française et a perdu sa place dans le camp. Il a également reçu une interdiction mondiale de football pendant 9 mois et a été condamné à 2 semaines de prison (plus tard réduite à 120 heures de service communautaire).

Moins connue, mais non moins révélatrice d'un grave défaut de caractère, Cantona a insulté le directeur de l'équipe nationale française à la télévision en 1988 et a été banni du côté national pendant un an. En plus, alors qu'il jouait pour Nîmes avant de rejoindre United, il a lancé la balle à un arbitre et a été interdit pour 3 matches. Lors de l'audition disciplinaire qui a suivi, Cantona a affronté 3 membres de la Fédération Française de Football et a crié « idiot » à chacun de leurs visages, aboutissant à une autre interdiction, cette fois pendant 2 mois.

Sans doute, la sortie d'Éric Cantona du jeu a laissé un vide qui n'a peut-être jamais été rempli. Et pourtant sa prétention à la grandeur a été entachée par des actes d'insolence, de violence, de manque de respect et de colère. Sa nature rebelle et son incapacité à contrôler sa langue et son tempérament, ont ôté le lustre d'une brillante et mémorable carrière de joueur. En fait, alors que le monde du football applaudit les réalisations de Cantona et est inspiré par son talent remarquable, les Écritures l'appellent un « idiot » pour son manque de maîtrise de soi en période de frustration, de colère et d'insulte. C'est un commentaire sévère en effet, d'un homme qui a tant donné au jeu de football mais qui manquait de sagesse pour tempérer ses réactions face aux circonstances difficiles.

La vie présente de nombreux défis au chrétien, dont l'un des plus importants est l'appel à la ressemblance au Christ en temps de conflits et de difficultés. Nous devons rester maîtres de nous-mêmes et démontrer la sagesse de Dieu dans le traitement des personnes qui viennent contre nous, ou qui ne sont pas d'accord avec notre point de vue. Nous ne devons pas répondre à la violence par la violence, et nous devons apprendre à « tourner l'autre joue » face à une volée verbale. Aussi tentant que se battre nous apparait, le chrétien doit demander à Dieu sa force pour nous soutenir à travers ces moments où le moyen facile est de « rendre la pareille » plutôt que de s'élever au-dessus de l'oppresseur.

Quelle est l'estimation de Dieu à votre sujet ? Êtes-vous considéré comme sage dans vos réactions aux épreuves de la vie, ou stupide alors que vous ventilez votre colère comme l'a fait Éric Cantona ? **Choisissez la sagesse ... pour votre bénéfice et le bénéfice des autres !**

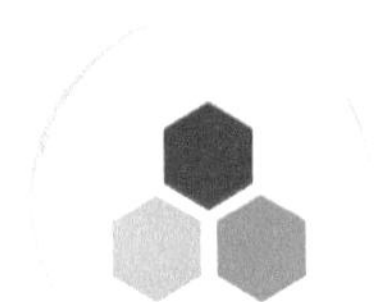

L´École de Football du Salvador

Psaume 1 :1-3 *Voici l'homme heureux ! Il n'écoute pas les conseils des gens mauvais, il ne suit pas l'exemple de ceux qui font le mal, il ne s'assoit pas avec les moqueurs. Au contraire, il aime l'enseignement du SEIGNEUR et le redit jour et nuit dans son cœur ! Comme un arbre planté au bord de l'eau, il donne ses fruits au bon moment, et ses feuilles restent toujours vertes. Cet homme réussit tout ce qu'il fait.*

Pas connu pour son succès dans le football, le pays d´El Salvador a annoncé son plan de commencer une académie de football avec 200 joueurs juniors. Leur but est d'aider leur pays à devenir à nouveau un concurrent dans la Coupe du Monde.

En tentant de se qualifier pour la Coupe du Monde 2006, El Salvador n'a remporté qu'un des six matchs de la demi-finale de la CONCACAF. Ils n'ont marqué aucun but dans leurs cinq derniers matchs.

El Salvador espère produire jusqu'à 40 joueurs potentiels de niveau professionnel chaque année.

Parfois, une attention dédiée, jour et nuit, est nécessaire pour produire ce que nous désirons.

Voulez-vous grandir en tant que chrétien ? Souhaitez-vous que votre marche avec Dieu soit plus proche ? Voulez-vous que Dieu vous utilise d'une manière plus grande ?

David dans les Psaumes dit qu'il se réjouit de la loi de Dieu et médite sur elle jour et nuit. Les résultats, pour chacun d'entre nous faisant cela, sont les suivants. Nous serons comme des arbres fermement plantés, près des courants d'eau, portant des fruits, échappant à la mort, et prospérant dans tout ce que nous faisons.

Le résultat naturel de passer du temps dans la Parole de Dieu, d'y penser et de l'appliquer à nos vies, c'est que nous porterons des fruits, que nous serons des chrétiens productifs et que Dieu nous utilisera bien au-delà de nos attentes.

Tout comme le pays d'El Salvador se concentre sur la formation des leurs joueurs pour améliorer leurs chances pour la Coupe du Monde, de manière similaire, nous pouvons nous concentrer sur notre vie spirituelle pour devenir des chrétiens plus efficaces.

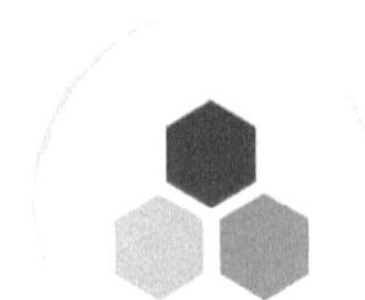

La Langue Internationale

Philippiens 4 :7 *Ainsi la paix de Dieu, qui dépasse tout ce que nous pouvons comprendre, gardera vos cœurs et vos pensées unis au Christ Jésus.*

Le football a souvent été appelé la « langue internationale », un sport qui traverse les lignes politiques, sociales et économiques, brisant les barrières de la race, la géographie et même les tragédies de l'histoire du monde. Les pays oublient, pour un temps, de se battre. Des jeunes garçons sont assis hypnotisés ... rêvant d'une chance de porter ce maillot. Les fanatiques dansent et chantent, faisant écho aux chants dans tout le stade. Tout le monde attend avec impatience ce but décisif. Les stades éclatent dans les applaudissements aléatoires au rythme des joueurs qui mettent en valeur leurs compétences et le quartier « barrio » devient la scène de bavardage et de mille opinions. Les petites villes et les grandes villes semblent désertées, alors que les entreprises tournent sans vergogne le signe « fermé ».

Le christianisme a un effet similaire sur le monde. Des cœurs solitaires et vides errent dans la vie, ne réalisant jamais ce que l'avenir pourrait ressembler avec Jésus-Christ pour ami et sauveur. Le fait de devenir chrétien n'est pas réservé à certaines nationalités ou à des personnes ayant certains antécédents, c'est une opportunité internationale. Comme le football, il y a des hauts et des bas, des victoires et des défaites dans le jeu de la vie, mais en tant que chrétien, vous avez la possibilité de vivre cette vie avec une paix qui dépasse toute intelligence.

Le Cœur d'un Footballeur

Proverbes 27 :19 *Comme notre visage se reflète dans l'eau, les pensées de quelqu'un se reflètent sur son visage.*

Le jeu du football n'a pas d'égal quand on en vient à la passion. La passion exemplifiée par les joueurs après avoir marqué un but ou par les fans colorés qui chantent des heures avant le match.

Cette passion vient du cœur.

Au Camp Nou, le stade renommé mondiale de Barcelone en Espagne, Rivaldo marque une brillante tête en plongeant, saute rapidement sur ses pieds et célèbre dans un contexte de azure de Barcelone. Au même moment, à 14 000 kilomètres vers l'ouest à travers l'océan Atlantique, à Guadalajara au Mexique, un garçon de treize ans coure à toute vitesse à la ligne de touche poursuivit par ses coéquipiers après avoir marqué le but gagnant pour son équipe scolaire. Les événements, différents dans l'échelle, sont les mêmes dans cœur de chacun de ces joueurs.

Ce même cœur est l'endroit où Dieu frappe pour entrer. Apocalypse 3 :20 dit : « Voici, je me tiens à la porte et je frappe. Si quelqu'un entend ma voix et ouvre la porte, je viendrai chez lui et je dînerai avec lui, et lui avec moi.

L´Entraîneur du Pérou

2 Timothée 3 :16 *Tous les Livres Saints ont été écrits avec l'aide de Dieu. Ils sont utiles pour enseigner la vérité, pour persuader, pour corriger les erreurs, pour former à une vie juste.*

Le club péruvien Cienciano a récemment ramené l'entraîneur uruguayen Daniel Jurado. Jurado, qui a entraîné Cienciano en 2001-2002, a dit avoir planté les graines de leur succès pendant cette période qui les ont conduits à remporter leur seul trophée international, la Coupe Sud-Américaine en 2003.

Toutes les équipes veulent avoir le bon entraîneur, celui qui peut les conduire à la victoire, rassembler les bons joueurs et créer le succès.

Cienciano a embauché l'entraîneur qu'ils estimaient leur apporterait ce succès, après tout, beaucoup ont ressenti qu'il leur a donné ce dont ils avaient besoin pour gagner leur premier trophée international.

Dans notre marche chrétienne, nous avons aussi besoin d'un entraîneur, quelqu'un pour nous conduire, et nous pousser à la victoire. En tant que chrétiens, cet entraîneur est Dieu, et la stratégie (playbook) est la Bible. Elle contient tout ce dont nous avons besoin pour la formation spirituelle et l'instruction dans la justice. Dieu se soucie de nous, nous aime et veut nous amener à la victoire dans nos vies.

Quelques-uns qui lisent ceci n'ont jamais fait de Dieu l'entraîneur de leur vie. D'autres, comme ce club péruvien qui a ramené un entraîneur du passé, ont peut-être eu Dieu comme leur entraîneur pour un certain temps, mais ensuite l'ont retiré de leur vie. Dans les deux cas, vous avez besoin de Dieu afin qu'il soit votre entraîneur, soit pour la première fois, ou pour le ramener dans votre vie.

Humblement, parlez-lui et demandez-lui d'être votre entraîneur, de vous conduire et de vous guider, de vous former et de vous instruire. Puis, rapprochez-vous d'autres qui ont également pris cette décision, afin que vous puissiez grandir ensemble.

Le Vieux Lion

Jérémie 29 :11 *Car moi, le Seigneur, je sais bien quels projets je forme pour vous; et je vous l'affirme : ce ne sont pas des projets de malheur mais des projets de bonheur. Je veux vous donner un avenir à espérer.*

Roger Milla aimait le football. À mesure que sa technique se développait, il devint connu pour ses compétences et il a signé pour son premier club à l'âge de 13 ans. Comment le grand moment pouvait-il être loin derrière ?

Pourtant, sa carrière n'a jamais vraiment décollé. Enfin, en 1978, Roger faisait partie de l'équipe gagnante du Cameroun lors des finales de la Coupe du Monde. Sa carrière se termina peu après. C'est du moins ce qu'il pensait.

Puis il a reçu un appel téléphonique du président de son pays, demandant son aide. Roger est sorti de la retraite, à l'âge de 38 ans. Sa carrière a été relancée. Il a mené le Cameroun aux quarts de finale de la Coupe du Monde de la FIFA, un fait sans précédent pour une équipe africaine. Roger détient de nombreux records dans son sport; Il est devenu un héros humanitaire et national.

Pendant toutes les années de découragement, Roger n'aurait peut-être pas vu ce que Dieu avait à l'esprit pour sa vie. D'autres l'auraient peut-être considéré comme un échec - ou du moins pas un grand succès. Ce n'est qu'au moment où il a été appelé à la retraite, à l'âge de 38 ans, qu'il a fait sa marque sur le jeu. Pourtant, Dieu avait un plan pour lui dès le commencement ... comme Il l'a pour vous. Peu importe ce à quoi votre vie peut ressembler en ce moment, sachez que Dieu a un but pour vous. Vous pouvez placer votre confiance en Lui.

La Main de Dieu

Deutéronome 5 :15 *Souviens-toi : tu as été esclave en Égypte, et je t'ai fait sortir de ce pays avec grande puissance. C'est pourquoi, moi, le Seigneurton Dieu, je t'ai commandé de respecter le jour du sabbat.*

Lors de la Coupe du Monde 1986, Diego Maradona de l'Argentine a électrisé le monde avec son talent, sa rapidité et sa capacité à marquer des buts. À l'âge de seulement 17 ans, il marquait plus de buts que quiconque et a finalement conduit l'Argentine à un championnat de Coupe du Monde. Dans le troisième match du tournoi, l'Argentine faisait face à l'Angleterre, une autre équipe puissante, attendue pour un excellent résultat cette année. Alors qu'un tir croisé venait de la gauche à la 98e minute, Maradona a sauté pour rencontrer le ballon juste derrière les bras tendus de Peter Shilton, le gardien de renommée mondiale de l'Angleterre. En une fraction de seconde, Maradona réalisant que la balle était hors de portée, a rapidement soulevé son bras droit et a redirigé la balle avec son poing dans le filet. Les arbitres, n'ayant pas vu l'action, l'ont tous manqué et le but a été validé alors que les joueurs argentins en liesse, étouffaient Maradona. Les photographies ont plus tard confirmé une « main » et le but est devenu connu comme « la main de Dieu ».

Bien que ce point culminant ne soit pas de nature biblique, nous pouvons certainement trouver des parallèles dans notre marche chrétienne. Combien de fois avons-nous essayé de le faire nous-mêmes ? Ou peut-être certains d'entre vous ont toujours compté sur vous-mêmes, et n'ont jamais ressentis le besoin de s'appuyer sur Dieu. Quand nous cherchons Dieu, nos vies sont bénies. Dans le guide d'étude, *Vivre Dieu : Connaître et Faire la Volonté de Dieu* par Henry T. Blackaby et Claude V. King, ils décrivent quatre endroits pour rechercher la volonté de Dieu et son plan parfait pour nos vies : la Bible, la prière, les circonstances et l'église. Ces quatre, lorsqu'ils sont considérés ensemble, nous aident à comprendre la volonté de Dieu et son plan parfait pour nos vies. Alors que vous commencez à le suivre et à le faire participer à chaque décision de votre vie, vous verrez un jour émerveillé, comment la main de Dieu vous a menés là où vous êtes aujourd'hui.

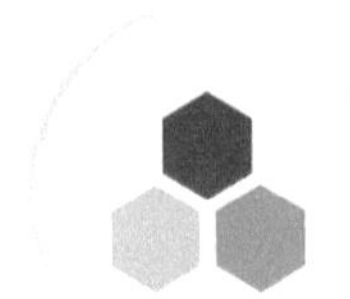

Combattez le Bon Combat

1 Timothée 6 :12 *Combats le beau combat au service de la foi.*

Malheureusement, bien trop souvent nous lisons des titres tels que « Au moins 15 morts dans les émeutes de football syrien » ou « Hooliganisme de football en Europe. » Les passions et la colère des fans échappent au contrôle et des combats ou des émeutes éclatent, souvent avec des conséquences mortelles.

Ces combats ne sont pas bons. Ils sont ancrés dans la colère, la jalousie et l'amertume. Certains se déroulent en raison de problèmes non résolus de rivalités enflammées entre les équipes ou même entre les pays.

Paul, dans le livre de 1 Timothée dans la Bible, encourage son « fils dans la foi » à combattre le bon combat de la foi. Il ne parlait pas d'un combat physique, mais d'un combat pour la foi, une bataille pour durer dans sa foi.

Les Écritures utilisent les mots « combat, » « armure » et « bataille » pour symboliser nos batailles spirituelles entre le bien (Dieu) et le mal (Satan).

En fin de compte, il y a une bataille pour nos âmes. Le désir de Dieu est que nous vivions pour Lui, alors que Satan ne désire que détruire nos vies.

Vous devez « lutter » pour rester spirituellement pur. Ne vous contentez pas de vous faciliter la vie, préparez-vous à la « bataille ». Comment ? Assurez-vous de prier et de lire la Parole de Dieu tous les jours. Mémorisez l'Écriture et méditez-là. Devenez redevables envers les autres par le biais d'un petit groupe ou d'amis proches. La communion avec d'autres chrétiens qui vous aideront et vous encourageront dans votre marche avec Christ. Cherchez l'aide des amis et de Dieu lorsque vous êtes tenté. Ce sont toutes les choses que vous pouvez faire pour vous protéger dans la « bataille » pour votre âme.

Le Football d'Espoir

Ephésiens 2 :10 *Oui, c'est Dieu qui nous a faits. Il nous a créés dans le Christ Jésus pour que nous menions une vie riche en actions bonnes. Et ces actions, Dieu les a préparées pour que nous les fassions.*

Le 26 décembre 2004 a été une journée de tragédie. Plus de deux cent mille personnes ont perdu la vie dans le tsunami de l'Océan Indien. Beaucoup sont restés sans leurs proches, sans maisons, sans emplois. Les victimes faisaient face à des risques d'exposition et de maladie. Partout dans le monde, les gens ont pleuré ... et ont essayé d'aider.

Le 15 février 2005 fut une journée de victoire. Ce jour-là, les meilleurs footballeurs du monde se sont réunis pour soulever des fonds pour les victimes de la tragédie du tsunami. Le match de football « Football de l'Espoir » a réuni des stars d'équipes et de pays différents pour un jeu que les fans adoreraient. Ronaldo, Henry, Beckham, Zidane ... les plus grands du monde se sont rassemblés, non pour poursuivre leur carrière ou gagner de l'argent pour eux-mêmes, mais pour donner librement leur temps et leurs efforts pour soulever près de dix millions de dollars pour le Fond pour la Solidarité aux Victimes du Tsunami.

Ces joueurs n'avaient-ils rien de mieux à faire avec leur temps et leurs talents ? Apparemment, ils ne le pensaient pas. Ils étaient à la recherche d'un but plus grand qu'eux-mêmes, un objectif qui va bien au-delà du football. Nous avons chacun un but qui va au-delà de nos emplois ou nos passe-temps. Nous avons été créés avec un plus grand but que simplement de vivre pour nous-mêmes. Permettez au Seigneur de vous montrer son but pour vous. Laissez-Le fixer le but ... puis courez pour cela avec toutes vos forces.

La Coupe de la Paix

Romains 12 :18 *Autant que possible, si cela dépend de vous, vivez en paix avec tous.*

Il y a quelque chose au sujet du jeu de football qui le rend d'avantage que juste un autre sport. Le football semble rassembler les gens d'une manière que d'autres ne le font pas. Prenez la Coupe de la Paix, par exemple.

Chaque année, un tournoi est organisé qui attire des clubs et des champions de différents pays. Les joueurs viennent des Pays-Bas et de la Corée, des États-Unis, de l'Argentine et de la France, pour ne citer que quelques nations. Ils se réunissent, non pour se promouvoir eux-mêmes, leurs nations ou leurs équipes, mais pour promouvoir la paix. La paix mondiale par le football ? C'est l'idée.

« L'objectif du tournoi est de présenter et de diffuser la vision de la paix et de la culture dans le monde à travers le football », a déclaré le président de la Coupe de la Paix, le révérend Chung Hwan Kwak. Les bénéfices des jeux sont utilisés pour nourrir les espoirs et les rêves des jeunes dans les pays du tiers monde.

Peut-être que vous ne pourrez pas jouer pour la Coupe de la Paix cette année. Mais selon les Écritures, vos actions sont tout aussi importantes. Alors que vous vivez chaque jour, recherchez la paix avec ceux qui vous entourent. Marchez dans la paix que seul Christ peut apporter, et vous vous retrouverez partageant cette paix avec les autres.

Perdu en Suisse

Marc 8 :36 *Si une personne gagne toutes les richesses du monde, mais si elle perd sa vie, à quoi cela lui sert-il ?*

Avez-vous entendu ce qui est arrivé à Paolo Diogo ? Tout en célébrant un but pour son équipe suisse, Paolo Diogo, joueur portugais, a attrapé son anneau de mariage sur une clôture, et quand il a sauté en bas, a arraché le bout de son doigt. Il doit avoir été extrêmement excité, car avant de réaliser ce qui s'était passé, l'arbitre a cité Paolo pour la célébration excessive. Plus tard, Paolo continua à décrire ce qui s'était passé quand sa main commença à lui faire « énormément » mal. Le doigt a été retrouvé mais les médecins ont été incapables de le rattacher et ont suggéré une amputation pour le reste du doigt. Paolo prit tout cela en foulée, disant : « Je dois donc vivre avec un doigt en moins. »

OK, donc perdre un doigt n'est probablement pas une grosse affaire (facile à dire alors que tous mes doigts sont intacts). Mais qu'en est-il de perdre votre âme ? La Bible indique clairement que gagner le monde mais perdre votre âme n'est pas un endroit où nous voulons nous trouver. Gagner des biens matériels, le statut, et toutes les choses que le monde dit que nous devrions avoir pour être importante ou réussie, tout en ignorant la chose la plus importante dans nos vies, une relation avec Dieu, ne vaut pas la peine. Quand nous mourrons, nous ne pourrons rien emporter avec nous. Seule notre âme (esprit) vivra. Est-il vraiment la peine de perdre votre âme pour le statut temporaire, les biens matériels ou le succès mondain ? Je ne le crois pas.

Examinez votre vie aujourd'hui. Êtes-vous en train de perdre votre âme ou de rendre votre relation avec Dieu le plus important ?

Scandale du Football Allemand

Hébreux 13 :5 *Dieu lui-même a dit : « Non, je ne te laisserai pas, je ne t'abandonnerai pas. »*

Lorsque j'écris, les préparatifs de la Coupe du Monde 2006 en Allemagne se déroulent alors qu'un scandale sérieux se développe avec les arbitres et les joueurs en cours d'enquête pour la fixation des matches pour de l'argent. C'est le pire scandale de football en Allemagne depuis plus de 30 ans et a endommagé l'institution de football des pays.

Indépendamment de ce scandale ou d'autres scandales de football, va-t-il vraiment affecter ceux d'entre nous qui aiment le jeu ? Des millions de personnes dans le monde continueront à jouer le plus grand sport au monde. Nous n'arrêterons pas de jouer ou d'aimer le jeu parce que quelques-uns ont triché.

L'église et le christianisme ont aussi leur juste part de scandale. Mais contrairement au jeu de football, les gens utilisent les scandales au sein de l'église comme une excuse pour cesser de fréquenter ou de grandir dans leur foi. D'autres, qui sont encore croyants, utilisent les scandales comme une excuse pour éviter tout intérêt dans l'église ou le christianisme, étiquetage de tous les associés avec l'église comme hypocrites.

Si vous êtes à cet endroit, ou que vous vous trouvez toujours là, n'oubliez pas que les gens vous décevront. **Que votre foi ait son fondement dans votre relation avec Dieu**, pas dans l'homme, alors quand les scandales viennent, votre foi sera enracinée et fondée en Lui, et à cause de votre amour pour Dieu, vous continuerez votre croissance. Nous continuons à jouer au football parce que nous l'aimons, indépendamment des scandales, de la même manière, gardez votre foi en Dieu fort à cause de votre amour pour Lui, indépendamment des scandales.

C'est la mi-temps. Les joueurs sont en huddle autour, totalement déçu par la première moitié. Le score est de 4-0, mais pas en notre faveur. « Nous faisons erreur après erreur. » Les yeux tristes qui me regardaient, l'entraîneur, ce jour-là a dit une chose : la défaite. Tout le monde sur l'équipe revivait leurs échecs, imaginant une filme au ralenti de chaque erreur. En tant qu'entraîneur, je voulais retourner le temps, rembobiner l'horloge et effacer les bandes qu'ils jouaient maintenant dans leur esprit. Chaque entraîneur a été là.

Semble familier ?

La vie offre aussi un mélange de victoires et de pertes, mais nous devons gagner le jeu le plus important, le jeu de la vie. Le prix du jeu : la vie éternelle et une relation personnelle avec Dieu.

Je me souviens de mon discours à la mi-temps ce jour-là.

« La première moitié appartient à l'entraîneur, je prends la pleine responsabilité de la partition. Laissez-moi prendre le blâme et vous vous concentrez sur ce que vous ferez dans la seconde moitié. L'autre équipe est connue pour sa vitesse rapide de jeu. Nous devons posséder la balle plus et bouger la balle sur le terrain. Vous devez gagner les batailles individuelles. Passer la balle seulement quand vous devez, et dribbler jusqu'à pression. Une fois sous pression, je veux que le joueur d'avoir des options pour passer à la première mi-temps est la mienne. Cette seconde mi-temps vous appartient. Maintenant, allez et gagnez ce match ! »

Nous avons gagné ce match. Je ne pense pas que ce soit dû à ces tactiques totalement, mais plutôt parce qu'ils ont été capables d'effacer l'échec pour qu'ils puissent voir l'espoir. Après le match, un père a demandé à sa fille ce que l'entraîneur a dit à la mi-temps. Elle a répondu : « L'entraîneur est devenu coupable pour la première moitié. »

Comme je le pense, cela me rappelle l'histoire de la façon dont Dieu a aimé tellement l'homme qu'il a effacé sa culpabilité et sa défaite en prenant la culpabilité et le châtiment sur Lui-même. Il est mort sur une croix pour vous. Dieu vous offre une ardoise vide, le pardon et une seconde chance dans laquelle Il deviendra votre entraîneur personnel dans tout ce que vous faites. Pendant que nous étions encore pécheurs, Christ est mort pour nous. Il a accepté la culpabilité et la pénalité pour tous nos torts, et Il offre un nouveau playbook pour la vie.

Nous devons tous nous rendre compte que nous aurons un sifflet final dans le jeu de la vie. Comment pouvons-nous nous assurer que nous sommes sur cette équipe gagnante ?

Si vous n'avez pas encore accepté le pardon de Dieu, prenez un moment seul et dites simplement cette simple prière : Dieu, j'accepte Ton Fils, Jésus-Christ, comme mon Sauveur. Pardonne-moi pour mon passé et aide-moi à vivre pour Toi dans l'avenir. Je te donne ma vie et je veux vivre pour Toi. Au nom du Christ, je prie. Amen.

Maintenant n'arrêtez pas là. Ceci n'est que le début. Il nous a donné un plan pour nous démarrer dans la seconde moitié. Voici quelques principes et écritures de lancement pour commencer votre deuxième moitié.

- **Soyez convaincu.** Croyez que Jésus-Christ est Dieu Tout-Puissant, Créateur de l'univers, qui est venu sous la forme de l'homme et a accepté le châtiment de la mort en faveur de l'humanité, offrant la vie éternelle à tous ceux qui croient et acceptent le salut par lui.

Jean 3 :16-17 *Oui, Dieu a tellement aimé le monde qu'il a donné son Fils unique. Ainsi, tous ceux qui croient en lui ne se perdront pas loin de Dieu, mais ils vivront avec lui pour toujours. En effet, Dieu n'a pas envoyé son Fils dans le monde pour condamner le monde, mais il l'a envoyé pour qu'il sauve le monde.*

- **Soyez pardonné.** Repentez-vous de votre erreur. Dans une prière simple, demandez de l'aide à votre nouveau Sauveur et ami afin de devenir la personne qu'il désire. Il pardonnera et effacera ton passé.

Marc 1 :15 *Le moment décidé par Dieu est arrivé, et le Royaume de Dieu est tout près de vous. Changez votre vie et croyez à la Bonne Nouvelle !*

- **Proclamez.** Confessez aux autres au sujet de votre nouvelle relation avec Jésus-Christ.

Romains 10 :9-10 *Est-ce que ta bouche affirme devant tous que Jésus est le Seigneur ? Est-ce que tu crois dans ton cœur que Dieu l'a réveillé de la mort ? Dans ce cas, tu seras sauvé. En effet, quand nous croyons de tout notre cœur, Dieu nous rend justes, quand nous affirmons notre foi devant tous, il nous sauve.*

- **Soyez baptisés.** Comme il est ordonné dans la Bible, être baptisé en obéissance à Sa Parole et de s'identifier à Son Église.

Actes 2 :38 *38 Pierre leur répond : « Changez votre vie ! Chacun de vous doit se faire baptiser au nom de Jésus-Christ. Ainsi, Dieu pardonnera vos péchés et il vous donnera l'Esprit Saint. »*

Soyez un disciple. Trouver une église et rester fidèle à l'étude, la louange et à la communion fraternelle avec des amis dans la foi.

Matthieu 28 :19-20 *Allez chez tous les peuples pour que les gens deviennent mes disciples. Baptisez-les au nom du Père, du Fils et de l'Esprit Saint. Apprenez-leur à obéir à tous les commandements que je vous ai donnés. Et moi, je suis avec vous tous les jours, jusqu'à la fin du monde.*

www.ingramcontent.com/pod-product-compliance
Ingram Content Group UK Ltd.
Pitfield, Milton Keynes, MK11 3LW, UK
UKHW040003200726
13854UKWH00001B/6